AF451611

ALLOCUTION

PRONONCÉE

par Monseigneur BÉCEL, Évêque de Vannes

dans la Chapelle de Kernascléden

LE 29 OCTOBRE 1887

AU SERVICE FUNÈBRE CÉLÉBRÉ POUR LE REPOS DE L'AME

de

Henri-Charles-Anne-Marie-Timoléon de COSSÉ

Comte de BRISSAC, Prince de ROBECH

PARIS

Imprimeries Réunies, 54 *bis*, rue du Four

1887

ALLOCUTION

de

Monseigneur l'Évêque de Vannes

au

Service funèbre célébré pour le repos de l'âme

de

Henri-Charles-Anne-Marie-Timoléon de Cossé

Comte de Brissac, prince de Robech

Pertransiit benefaciendo.
Il a passé en faisant le bien.
(Actes des Apôtres. x, 38.)

Hélas! oui, mes Frères, il a passé trop rapidement au milieu de vous, celui que nous pleurons aujourd'hui, comme on pleure le modèle des époux, le plus tendre des pères, le plus généreux des bienfaiteurs. Mais, ne pleurons pas comme pleurent ceux qui n'ont plus d'espérance. Car, à l'exemple de notre divin Maître, *il a passé en faisant le bien;* il s'est endormi doucement dans le Seigneur, après l'avoir constamment servi et aimé. Il nous est donc permis de croire qu'il n'a pas tardé à obtenir miséricorde du Souverain Juge des vivants et des morts, qui a promis de ne pas laisser sans récompense même *un verre d'eau froide donné en son nom....*

Cependant, mes Frères, il faut prier.... La charité fraternelle nous en fait un devoir, doux à remplir, et notre cœur en éprouve un pressant besoin. C'est ainsi que nous payerons les uns et les autres notre tribut à la mémoire du Comte Henri de Brissac, seigneur de Pontkalleck et autres lieux. Demandons pour lui le repos éternel dans le sein de Dieu, et, pour sa noble famille, pour sa digne compagne, pour ses chers enfants, le courage chrétien qui les rendra capables de supporter cette nouvelle et si cruelle épreuve...

Non content de m'associer à votre deuil, je crois répondre à votre attente en prenant la parole à la fin de cette cérémonie si touchante. Ce n'est point que j'aie la prétention de prononcer l'éloge funèbre du Comte de Brissac. Il suffira que je rappelle brièvement la foi et la charité du regretté défunt, pour que je réussisse à le faire revivre un instant, tel que vous l'avez connu. En vous donnant cette assurance, ne suis-je pas trop téméraire? Quel peintre serait assez habile, quel orateur aurait assez d'éloquence pour faire un portrait ressemblant de ce demeurant d'un autre âge, qui avait à la fois si grand air et tant d'affabilité? Sans perdre son rang et sa dignité, il était pour tous d'un abord facile et engageant, plein d'urbanité et de cordialité pour les uns, de simplicité et de commisération avec les autres. La vue des déshérités de ce monde lui inspirait sans doute les sentiments de compassion qui débordaient du cœur de Jésus, lorsqu'il s'écriait dans le désert : *misereor super turbam*. En pareille circonstance, la physionomie, toujours sympathique du disciple, reflétait, comme un miroir fidèle, de profondes émotions qui révélaient une âme sensible et un cœur bienfaisant.

En politique aussi bien qu'en religion, le Comte de Brissac avait des convictions sincères et inébranlables. Qui de vous ignora son culte pour l'auguste héritier de nos rois, cet enfant du miracle qu'il croyait destiné à rendre au *beau pays de France* la paix, la justice, la gloire et la liberté? Apprenant que la santé de ce noble prince inspirait des inquiétudes, hélas ! trop fondées, le Comte de Brissac se sentit frappé au cœur. Ce fut sans doute la cause première du mal qui devait le ravir, quelques années après, à l'affection des siens, à l'estime et à la considération de ses amis, au respect et à la gratitude de ses obligés. La mort du Comte de Chambord, en ruinant ses espérances humaines et en alarmant de plus en plus son patriotisme, porta une rude atteinte à sa robuste constitution. Il eut peine tout d'abord à croire possible un semblable malheur. Il ne s'en consola point....

Bientôt après, Dieu, dont les desseins sont impénétrables, lui présentait une autre croix plus personnelle et non moins lourde à porter. La mort prématurée du plus jeune de ses fils, sur qui il avait fondé, comme sur ses autres enfants, de légitimes espérances, raviva, au delà de toute expression, la blessure si profonde dont il devait souffrir patiemment jusqu'à la fin. Depuis lors, ses forces déclinaient sensiblement. Sa femme et ses enfants, sans prévoir une séparation prochaine, redoublèrent à son égard de soins, d'attentions, du plus tendre respect.

Le Comte de Brissac était un croyant, loyal à Dieu comme aux hommes. Sa religion éclairée ne lui permettait pas de vivre dans les régions perdues d'une spéculation stérile. Il observait consciencieusement les commandements de Dieu et de l'Église, sans ostentation et sans respect humain. Tourmenté du désir de bien faire au point de vue chrétien,

il dut se demander souvent avec un de nos
poètes :

« La foi qui n'agit point, est-ce une foi sincère? »

La sienne se traduisait par un respect pro-
fond pour la religion et ses ministres, à tous
les degrés de la sainte hiérarchie. Le carac-
tère sacré du plus humble prêtre le pénétrait
d'une admiration révérencieuse. Que dirais-je
de la délicatesse de ses procédés avec ses
pasteurs? Il m'est permis d'en parler pertinem-
ment. Je ne perdrai jamais le souvenir de l'ac-
cueil à la fois bienveillant et réservé dont il
m'honora toujours. Le culte de prédilection
qu'il avait voué au Roi de ses pensées et de
ses sentiments intimes, peut donner une idée
de sa vénération et de son attachement envers
le Vicaire de Jésus-Christ...

C'est ainsi, mes Frères, que le Comte de
Brissac vous prêchait d'exemple le respect et
l'obéissance dus à toute autorité légitime, divine ou humaine.

Il est temps que je mette sous vos yeux, en
trois tableaux d'un genre tout particulier, les
effets de son intelligente et immense charité.
Les plus anciens d'entre vous savent en quel
état le Comte de Brissac trouva, sous tout rap-

port, ce petit coin du bon pays de Bretagne, qu'il aimait ardemment. Tout y était à faire. Il entreprit généreusement d'y réparer, au prix des plus grands sacrifices, les ruines que la Révolution du dernier siècle avait amoncelées ici comme ailleurs.....

Pour constituer le domaine que vous connaissez, à qui s'adressa-t-il? à quels moyens eut-il recours? Quand il eut résolu de relever la demeure princière de Pontkalleck, alla-t-il chercher au loin des ouvriers habiles? Il avait à cœur de se rendre utile aux habitants du pays. Vous n'oublierez pas cette préférence qui vous a été avantageuse à tous : puisque ce chef de famille ne devait pas, à bien dire, habiter sous ce toit restauré à si hauts frais et avec tant de goût, vous saurez rendre à la veuve et aux orphelins de votre bienfaiteur insigne les hommages qui leur sont dus et qu'ils reconnaîtront à leur tour par les mêmes bienfaits. Pour votre mutuelle consolation, vous aimerez à vous dire que celui qui n'est plus de ce monde a échangé cette splendide résidence et ce riche domaine pour le royaume des cieux et pour le palais des Anges et des Saints.

Afin de vous en faciliter à tous l'entrée, le Comte de Brissac avait fait un beau rêve, qui se réalisa d'abord en partie et qu'il eut la douleur de voir ensuite s'évanouir. Gémissant de l'abandon où il avait trouvé les habitants de la section de Kernascléden, auxquels le zèle des prêtres du voisinage ne parvenait pas à procurer en temps utile et assez abondamment les secours religieux, il résolut de faire de cette jolie chapelle une église paroissiale. Il y parvint à force de persévérance et malgré mille et mille contradictions. Un pasteur vous fut envoyé qui vous évangélisa avec un succès toujours croissant. Il fallait en bénir Dieu et les personnes charitables qui faisaient son œuvre au milieu de vous. Les intentions du Comte de Brissac furent méconnues. Elles étaient pourtant désintéressées. Il n'a jamais couru, comme tant d'autres, après une popularité plus ou moins honorable et presque toujours entachée d'ambition. Les mécontents, les jaloux, s'entendirent avec des hommes que la politique aveuglait... La paroisse de Kernascléden fut supprimée, en dépit des plus justes et des plus énergiques réclamations.

En attendant des jours meilleurs, que fit le Comte de Brissac, de concert avec la femme d'esprit et de cœur qui partagea toujours ses peines et ses joies, le mérite de ses aumônes et les élans de son amour pour Dieu et pour le prochain? Sa vengeance fut chrétienne. De par la volonté et la générosité du Comte et de la Comtesse de Brissac, deux prêtres gardent ce poste important que le pasteur a dû quitter à regret. Ces deux hommes de Dieu, dont je me plais à louer la prudence et la bonne volonté, vous continuent, sous ma protection et avec l'agrément de leurs confrères du voisinage, leurs soins assidus. Espérons qu'il sera possible un jour de régulariser cette situation, dont tout homme de bonne foi doit reconnaître les inconvénients.

Avant cette époque, le Comte de Brissac avait fondé, à côté de l'Église, une école où vos enfants reçoivent depuis longues années déjà l'instruction chrétienne, jointe à tout ce qui est enseigné dans les classes officielles. Avait-il pressenti l'état de choses qui nous cause aujourd'hui une si profonde tristesse et de si vives inquiétudes? Toujours est-il que vous êtes dotés d'un établissement libre que les pieuses Filles de Jésus dirigent avec une sollicitude maternelle, pour la plus grande gloire de Dieu et le bonheur de vos enfants. C'est peut-être le plus éminent service que vous aura rendu votre bienfaiteur, qui n'a jamais cessé de vous secourir corporellement. Souvenez-vous, mes Frères, que *l'homme ne vit pas seulement de pain, mais de toute parole qui sort de la bouche de Dieu.* Or, de nos jours, on s'efforce d'étouffer la voix de Dieu et celle de ses représentants autorisés. Vous savez ce qui se passe, et dans quelle voie on pousse la génération qui nous suivra. L'enseignement chrétien, impitoyablement banni des écoles publiques, doit être conservé par nous, coûte que coûte : il y va du salut des âmes et du repos social...

N'avais-je pas raison de vous dire, mes Frères, que le Comte de Brissac a passé au milieu de vous en faisant le bien? Comme il vous aimait! Comme il était fier de vanter vos bonnes qualités! Qu'a-t-il négligé pour porter remède à vos défauts, pour vous procurer un bien-être relatif? Il se promettait de vous revoir dans un bref délai. Admirons les attentions de la douce Providence, qui lui ménagea du moins la consolation de mourir sur cette terre de la fidèle Bretagne, qu'il avait tant aimée! La nouvelle de sa mort nous arriva comme un coup de foudre. Ce fut à peine si son entourage bien-aimé eut le temps de prévoir l'issue fatale d'une maladie qui semblait céder aux secours de l'art et aux soins délicats que toute la famille prodiguait à son chef. Sans se croire sérieusement atteint, le malade, qui, peu de jours auparavant, avait rempli tous ses devoirs religieux, se préparait à célébrer pieusement l'anniversaire de sa naissance. Il parlait avec émotion de la vie nouvelle qu'il voulait mener. « Je n'ai pas fait assez de bien », disait-il dans des épanchements intimes, exprimant son désir, sa volonté d'en faire davantage par lui-même, et de s'occuper plus activement des œuvres qui avaient toujours trouvé auprès de lui un concours si délicat et si généreux... L'amour d'une femme chrétienne est attentif et s'alarme vite. Pressentant tout à coup la possibilité d'un danger, dont personne ne se doutait encore, la Comtesse de Brissac eut l'inspiration d'appeler un prêtre, qui fut accueilli avec empressement et reconnaissance... Alors, eut lieu une scène d'intérieur digne d'être rapportée... Après une sorte de confession publique, une profession de foi émouvante, l'engagement spontané d'aller faire à l'église paroissiale la sainte communion, le malade reçut l'absolution sacramentelle. Il semblait qu'il dût accomplir son vœu, le mal ayant cédé en apparence, et l'on se réjouissait autour de lui... Le fils aîné veillait, attendant son frère, mandé au moment de l'inquiétude, et le sommeil était si calme que l'on ne songeait qu'à la joie de la réunion. Hélas! quelques instants

après, les deux fils tombaient ensemble, brisés
de douleur, au pied de la couche funèbre où
leur père bien-aimé semblait toujours dormir...

Ainsi mourut, mes Frères, votre bienfaiteur.
votre ami! Je n'entreprendrai pas de vous
parler ici des regrets qu'il laisse dans toutes
les provinces où il était connu, et où son souvenir se confond avec celui des grands exemples
qui lui survivent. Votre présence témoigne
hautement du douloureux écho que ce deuil a
trouvé dans vos cœurs. Vous auriez aimé à
voir rapporter ici sa dépouille mortelle, à la-
quelle vous eussiez constitué une garde d'honneur. C'eût été pour nous tous une vraie consolation de lui rendre les derniers devoirs.
Vous donnez, du moins, par votre attitude à
cette cérémonie imposante dans sa noble simplicité, la mesure de votre gratitude et de votre
condoléance. Honneur à vous, mes Frères!
Honneur à celui qui avait si bien mérité, des
riches et des pauvres, ce témoignage d'une
aussi émouvante réciprocité des meilleurs sentiments! Prêtres et fidèles, laissez-moi vous
féliciter et vous remercier, au nom de la famille de Brissac, de cette démarche qui m'at-
tendrit sans me surprendre. Je me fais parti-
culièrement l'interprète des fils si distingués
du vénéré défunt et de leur charmante sœur.

Ils n'ont pas seulement reçu en héritage un beau nom et une grande fortune. Ils vous montreront à l'envi, en marchant sur les traces de leur père, que la foi et la charité sont vertus héréditaires dans leur antique maison. Vous reporterez sur eux et sur leur excellente mère tous les sentiments de respect et de reconnaissance que vous aviez voués à celui qui, du haut du ciel, où il a retrouvé avec ses glorieux ancêtres, un fils trop tôt ravi à sa tendresse, contemple, espérons-le, cette assemblée de vrais chrétiens. Il est doux de penser, mes Frères, que, en faisant ainsi mémoire de nos chers défunts, nous avons encore l'espoir de soulager, de délivrer ceux d'entre eux qui n'auraient pas achevé de satisfaire à la justice divine. Quelle consolation et quel bonheur de croire à la communion des Saints, à la résurrection de la chair, à la vie éternelle !

Paris. — Impr. réunies, C.

54 bis, rue du Four.